Serie ID16™©

Tu tipo de personalidad: Administrador (ESTJ)

Tu tipo de personalidad: Animador (ESTP)

Tu tipo de personalidad: Artista (ISFP)

Tu tipo de personalidad: Consejero (ENFJ)

Tu tipo de personalidad: Defensor (ESFJ)

Tu tipo de personalidad: Director (ENTJ)

Tu tipo de personalidad: Entusiasta (ENFP)

Tu tipo de personalidad: Estratega (INTJ)

Tu tipo de personalidad: Idealista (INFP)

Tu tipo de personalidad: Innovador (ENTP)

Tu tipo de personalidad: Inspector (ISTJ)

Tu tipo de personalidad: Lógico (INTP)

Tu tipo de personalidad: Mentor (INFJ)

Tu tipo de personalidad: Pragmático (ISTP)

Tu tipo de personalidad: Presentador (ESFP)

Tu tipo de personalidad: Protector (ISFJ)

¿Quién eres?

Test de personalidad ID16™©

¿Quién eres?

Test de personalidad ID16™©

JAROSŁAW JANKOWSKI

LOGOS
MEDIA

¿Quién eres? Test de personalidad ID16™©

Esta publicación puede ayudarte a utilizar mejor tu potencial, a crear relaciones saludables con otras personas y a tomar buenas decisiones en lo relativo a la educación y la carrera profesional. Sin embargo, en ningún caso debería ser tratada como un sustituto de una consulta psicológica o psiquiátrica especializada. El autor y el editor no asumen la responsabilidad por los eventuales daños resultantes de un uso indebido de este libro.

ID16™© es una tipología de la personalidad original. No se la debe confundir con las tipologías y los test de personalidad de otros autores o instituciones.

Título original: Kim jesteś? Test osobowości ID16™©

Traducción del idioma polaco: Ángel López Pombero, Lingua Lab, www.lingualab.pl

Redacción: Xavier Bordas Cornet, Lingua Lab, www.lingualab.pl

Redacción técnica: Zbigniew Szalbot

Editor: LOGOS MEDIA

© Jarosław Jankowski 2018-2023

ISBN (versión impresa): 978-83-7981-165-6
ISBN (EPUB): 978-83-7981-166-3
ISBN (MOBI): 978-83-7981-167-0

Índice

Prólogo

¿A cuál de los 16 tipos de personalidad perteneces? ¿Eres un *administrador* enérgico y decidido? ¿Un *artista* sensible y creativo? ¿O quizás eres un lógico *analítico* y brillante?

¡Gracias al test ID16™© encontrarás respuesta a estas intrigantes preguntas y te comprenderás mejor a ti mismo y a los demás!

El libro incluye un test de personalidad ID16™© formado por 84 preguntas relativas a tus reacciones y comportamientos en situaciones comunes y cotidianas; también incluye los rasgos de los diferentes tipos de personalidad, información sobre sus tendencias naturales y tipos similares, así como sobre la frecuencia de su aparición en la sociedad.

Cada año, gracias a los test de personalidad de Jung, millones de personas en todo el mundo se conocen mejor a sí mismas y a los demás, y como consecuencia sus vidas y relaciones cambian a mejor.

Esperamos que tu aventura con los tipos de personalidad también contribuya a cambios positivos de ese tipo.

EL AUTOR

ID16™© entre las tipologías de personalidad de Jung

ID16™© pertenece a la familia de las denominadas tipologías de personalidad de Jung, que hacen referencia a la teoría de Carl Gustav Jung (1875 – 1961), psiquiatra y psicólogo suizo, uno de los principales representantes de la denominada psicología profunda.

Sobre la base de muchos años de estudio y observación, Jung llegó a la conclusión de que las diferencias en las actitudes y las preferencias de las personas no son casuales. Creó la división, bien conocida hoy en día, entre extrovertidos e introvertidos. Además, distinguió cuatro funciones de la personalidad, que forman dos pares de factores contrarios: percepción – intuición y pensamiento –

sentimiento. Estableció también que en cada una de estas parejas domina una de las funciones. Jung llegó a la convicción de que las funciones dominantes de cada persona son permanentes e independientes de las condiciones externas y que su resultante es el tipo de personalidad.

En el año 1938 dos psiquiatras estadounidenses, Horace Gray y Joseph Wheelwright, crearon el primer test de personalidad basado en la teoría de Jung, que permitía determinar las funciones dominantes en las tres dimensiones descritas por él: **extroversión – introversión, percepción – intuición** y **pensamiento – sentimiento**. Este test se convirtió en una inspiración para otros investigadores. En el año 1942, también en suelo americano, Isabel Briggs Myers y Katharine Briggs comenzaron a emplear su propio test de personalidad, ampliando el clásico modelo tridimensional de Gray y Wheelwright con una cuarta dimensión: **juicio – percepción**. La mayoría de las tipologías y test de personalidad posteriores, referidos a la teoría de Jung, también toman en consideración esta cuarta dimensión.

Pertenecen a ellas, entre otros, la tipología americana publicada en el año 1978 por David W. Keirsey, así como el test de personalidad creado en Lituania en los años 70 del siglo XX por Aušra Augustinavičiūtė. En las décadas posteriores, investigadores de diferentes partes del mundo fueron tras sus huellas. Ellos crearon otras tipologías con cuatro dimensiones y varios test de personalidad adaptados a las condiciones y necesidades locales.

A este grupo pertenece la tipología de personalidad independiente ID16™©, desarrollada en Polonia por el pedagogo y mánager Jarosław Jankowski. Esta tipología, publicada en la primera década del siglo XXI, también se basa en la teoría clásica de Carl Jung. Al igual que otras tipologías de Jung contemporáneas, se inscribe en la corriente del análisis tetradimensional de la personalidad. En el marco de ID16™© estas dimensiones se llaman las **cuatro tendencias naturales**. Estas tendencias tienen un carácter dicotómico y su imagen proporciona información sobre el tipo de personalidad de la persona. El análisis de la primera tendencia tiene como objetivo determinar la **fuente de energía vital** dominante (el mundo exterior o el mundo interior). El análisis de la segunda tendencia determina la **forma dominante de asimilación de la información** (a través de los sentidos o a través de la intuición). El análisis de la tercera tendencia determina la **forma de toma de decisiones** dominante (según la razón o el corazón). El análisis de la cuarta tendencia determina, sin embargo, el

estilo de vida dominante (organizado o espontáneo). La combinación de todas estas tendencias naturales da como resultado **16 posibles tipos de personalidad**.

La característica especial de la tipología ID16™© es su dimensión práctica. Esta describe los diferentes tipos de personalidad según se comportan en la acción: en el trabajo, en la vida diaria y en las relaciones con otras personas. No se concentra en la dinámica interna de la personalidad, ni tampoco intenta aclarar teóricamente procesos interiores e invisibles. Más bien se concentra en cómo un determinado tipo de personalidad se manifiesta al exterior y de qué forma influye sobre el entorno. Este acento en el aspecto social de la personalidad aproxima de cierto modo la tipología ID16™© a la tipología de Aušra Augustinavičiūtė anteriormente mencionada.

Cada uno de los 16 tipos de personalidad ID16™© es la resultante de las tendencias naturales de la persona. La inclusión en un determinado tipo no tiene, sin embargo, características evaluativas. Ningún tipo de personalidad es mejor o peor que los otros. Cada uno de los tipos es simplemente diferente y cada uno tiene sus puntos potencialmente fuertes y débiles. ID16™© permite identificar y describir estas diferencias. Ayuda a comprenderse a uno mismo y a descubrir nuestro lugar en el mundo.

Conocer el perfil propio de personalidad permite a las personas aprovechar en su totalidad su potencial y trabajar en las áreas que pueden causarles problemas. Este conocimiento constituye una ayuda inestimable en la vida diaria, en la solución de problemas, en la creación de relaciones sanas con otras personas y en la toma de decisiones acerca de la educación y la carrera profesional.

La determinación del tipo de personalidad no es un proceso de carácter arbitrario y mecánico. Cada persona, como «propietario y usuario de su personalidad» es plenamente competente para determinar a qué tipo pertenece. Su papel en este proceso es, por lo tanto, crucial. Esta autoidentificación puede realizarse analizando las descripciones de los 16 tipos de personalidad y estrechando gradualmente el campo de elección. Sin embargo, se puede elegir un camino más corto: utilizar el test de personalidad ID16™©. También en este caso, el «usuario de la personalidad» tiene un papel primordial, ya que el resultado del test depende exclusivamente de las respuestas del usuario.

La identificación del tipo de personalidad ayuda a conocerse a uno mismo y a los demás; no obstante, no debería ser tratada como una profecía que predestina el futuro. El tipo de personalidad nunca puede justificar nuestras debilidades o nuestras malas relaciones con otras personas (¡aunque puede ayudar a comprender sus motivos!).

En el marco de ID16™© el tipo de personalidad no es tratado como un estado estático, genéticamente determinado, sino como la resultante de características innatas y adquiridas. Este enfoque no quita importancia al libre albedrío, ni tampoco pretende clasificar a las personas. Abre ante nosotros nuevas perspectivas que nos animan a trabajar sobre nosotros mismos, ya su vez estas perspectivas nos muestran las áreas en las que este trabajo es más necesario.

Test de personalidad ID16™©

El test de personalidad ID16™© es un conjunto de 84 preguntas sobre tus reacciones y comportamientos en situaciones corrientes y cotidianas. Las respuestas a estas preguntas permiten definir tu tipo de personalidad.

Indicaciones importantes:

- El test consta de tres partes. Cada una de ellas contiene 28 preguntas sobre preferencias personales o comportamientos. Las preguntas tienen que ser completadas seleccionando una de dos opciones.
- El objetivo del test es determinar tu tipo de personalidad y no tu inteligencia, conocimientos o capacidades. ¡Su resultado no tiene un

carácter evaluativo! En el test no hay buenas y malas respuestas, así que no intentes buscar y seleccionar las «correctas». Cada uno de los 16 tipos de personalidad es diferente, pero tiene el mismo valor. Ningún tipo es mejor o peor que los demás.

- Elige las diferentes respuestas en función de cómo *te comportas* en las situaciones descritas y no de cómo *te gustaría* o de cómo (en tu opinión) *habría que* comportarse. Si nunca te has encontrado en una determinada situación, piensa cuál sería tu reacción natural si te encontraras en ella. Si una pregunta hace referencia a preferencias, indica tus verdaderas tendencias, no las que te parezcan adecuadas o convenientes.

- Es necesario contestar *a todas las preguntas*. En los casos en los que no puedas identificarte plenamente con ninguna de las respuestas, marca la que te resulte más cercana.

- El tiempo para realizar el test no está limitado, así que no debes tener prisa. Sin embargo, no pienses demasiado tiempo en las respuestas.

- Tras cada respuesta encontrarás una letra (entre corchetes): E, I, S, N, T, F, J o P. Cuando hagas el test escribe las letras con las que están marcadas las respuestas que elijas y a continuación cuenta cuántas veces elegiste las diferentes letras. Por ejemplo, tu resultado puede ser del siguiente modo:

- o E — 18
- o I — 3
- o S — 7
- o N — 14
- o T — 4
- o F — 17
- o J — 0
- o P — 21

Encontrarás más indicaciones tras finalizar el test.

Parte 1/3

1. A menudo pienso acerca del sentido de la vida:
    a. sí [I]
    b. no [E]
2. Me convencen más:
    a. las soluciones verificadas, comprobadas [S]
    b. los conceptos creativos, innovadores [N]

3. Me gusta el trabajo:
    a. en equipo [E]
    b. individual [I]
4. Con más frecuencia:
    a. aprovecho los consejos de otras personas [P]
    b. yo mismo aconsejo a los demás [J]
5. Para mantener unas buenas relaciones con las personas, a menudo cedo ante los demás, incluso cuando eso no me conviene:
    a. sí [F]
    b. no [T]
6. Descanso mejor:
    a. solo o en un grupo pequeño, en un lugar silencioso y tranquilo [I]
    b. en medio de muchas personas, donde ocurren muchas cosas [E]
7. A menudo ocurre que hago las tareas antes de tiempo o realizo más de lo necesario:
    a. sí [J]
    b. no [P]

8. Se ajusta más a mí la siguiente descripción:
   a. me gusta tener el día planificado y no soy partidarios de los cambios de planes súbitos, inesperados [J]
   b. no me gusta tener el día estrictamente planificado y trato los cambios súbitos como algo interesante [P]
9. Prefiero los autores:
   a. que se sirven de comparaciones interesantes y hacen referencia a ideas innovadoras [N]
   b. que escriben con un estilo concreto y se centran en los hechos [S]
10. Normalmente, cuando estoy en compañía de otros, hablo:
   a. más que los demás [E]
   b. menos que los demás [I]
11. Al resolver algún problema, ante todo intento:
   a. mantener la objetividad, incluso a costa del agrado de la gente [T]
   b. mantener el agrado de la gente, incluso a costa de la objetividad [F]

12. Prefiero encargarme de:
   a. tareas similares a las que ya he realizado antes [S]
   b. nuevas tareas, con las que nunca antes me había encontrado [N]

13. Al querer solucionar cuanto antes algún asunto para quitármelo de encima, a menudo tomo decisiones prematuras:
   a. sí [J]
   b. no [P]

14. Se ajusta más a mí la siguiente descripción:
   a. soy capaz de concentrarme durante mucho tiempo en una cosa [I]
   b. me distraigo con facilidad, y hago frecuentes pausas durante el trabajo [E]

15. Me irritan más:
   a. los soñadores, que piensan principalmente en el futuro [S]
   b. los realistas, a los que solo les interesa el «aquí y ahora» [N]

16. Preferiría asistir a las clases de un profesor:
   a. desabrido, por momentos desagradable, pero muy lógico y que transmita conocimientos de forma ordenada [T]
   b. despistado, que enseñe de forma algo caótica, pero muy simpático y cordial [F]

17. Cuando tengo que hacer algo en un plazo determinado, normalmente:
   a. intento acabar rápido las tareas para poder dedicarme a asuntos más agradables [J]
   b. primero me dedico a los asuntos más agradables, y empiezo a trabajar cuando se acerca el plazo [P]

18. Considero que:
   a. una crítica objetiva y justa es deseable en la mayoría de las situaciones, ya que ayuda a las personas a percibir sus faltas y errores [T]
   b. la crítica, incluso si es objetiva y justa, a menudo es más dañina que beneficiosa, por lo que deteriora las relaciones entre las personas [F]

19. Me gusta escribir las fechas de las próximas reuniones, viajes, asuntos por resolver:
    a. sí [J]
    b. no [P]

20. A menudo considero si, en lo que dicen otras personas, se esconden alusiones u observaciones referentes a mí:
    a. sí [F]
    b. no [T]

21. Al invertir mis ahorros preferiría un beneficio:
    a. aplazado en el tiempo, pero mayor [N]
    b. menor, pero rápido [S]

22. Prefiero:
    a. aprender cosas nuevas [N]
    b. perfeccionar mis habilidades actuales [S]

23. Considero que es una característica peor:
    a. Tratar de forma injusta a las personas [T]
    b. Mostrarse indiferente con aquellos que se han encontrado en una situación difícil [F]

24. A menudo me arrepiento de haber dicho:
    a. demasiado [E]
    b. demasiado poco [I]

25. Cuando realizo alguna tarea, normalmente:

    a. la divido en partes más pequeñas y trabajo sistemáticamente para ir avanzando [S]

    b. tengo momentos de inspiración y de trabajo intenso, gracias a lo cual avanzo [N]

26. Me irritan más la personas que:

    a. son pésimos organizadores y más bien desordenados [J]

    b. son poco flexibles y les cuesta adaptarse rápidamente a nuevas circunstancias [P]

27. Suelo preguntarme más por qué las personas:

    a. no piensan en los demás [F]

    b. se comportan de forma ilógica [T]

28. Llevo mal:

    a. el bullicio, el alboroto, la presencia de muchas personas [I]

    b. el silencio, el aburrimiento y la soledad [E]

Parte 2/3

1. Siento un mayor bienestar psíquico cuando:
   a. todavía no he tomado una decisión definitiva y aún tengo margen de maniobra [P]
   b. **he tomado una decisión definitiva y el tema ha quedado zanjado [J]**
2. Al empezar algún trabajo:
   a. suelo preparar un plan de acción, o anoto qué hay que hacer [J]
   b. normalmente no pierdo el tiempo en preparar planes, sino que me pongo a trabajar en seguida [P]
3. Normalmente soy uno de los primeros en llamar para consolar a alguien que está pasando por una situación difícil:
   a. sí [F]
   b. no [T]
4. Cuando quiero aprender a manejar un dispositivo nuevo, normalmente:
   a. leo atentamente sus instrucciones y solo entonces intento ponerlo en marcha [S]
   b. lo examino e intento ponerlo en marcha, y si tengo algún problema consulto las instrucciones [N]

5. Tras acabar una tarea me produce mayor satisfacción:
   a. la conciencia de que he hecho «un trabajo bien hecho» [T]
   b. los elogios y el reconocimiento de los demás [F]
6. A menudo cuento a los demás mis experiencias:
   a. sí [E]
   b. no [I]
7. Normalmente actúo:
   a. de forma impulsiva [P]
   b. Después de haberlo pensado bien [J]
8. Cuando trabajo con un grupo de personas, preferiría:
   a. que se produjeran entre ellas pequeños roces, conflictos, pero que imperaran unas reglas claras y bien definidas [T]
   b. que faltasen unas reglas claras y bien definidas, pero que imperara un buen clima y un ambiente amistoso [F]
9. A menudo me pregunto qué ocurrirá en el futuro:
   a. sí [N]
   b. no [S]

10. Prefiero las tareas:
    a. que requieren un trabajo individual [I]
    b. que requieren el contacto con otras personas [E]
11. Me gusta ver programas:
    a. que presentan teorías originales y estimulan la imaginación [N]
    b. que contienen consejos e indicaciones para ponerlas en práctica [S]
12. Cuando veo reportajes acerca de personas que han sufrido una desgracia, a menudo me emociono:
    a. sí [F]
    b. no [T]
13. Suelo interrumpir a los demás o no les dejo terminar:
    a. sí [E]
    b. no [I]
14. Prefiero las personas que toman decisiones guiándose por:
    a. una convicción interior y la compasión por los demás [F]
    b. un análisis lógico y objetivo de la situación [T]
15. Me gusta:
    a. desempeñar un papel principal [E]
    b. actuar «en segundo plano» [I]

16. Con más frecuencia:
    a. escucho las opiniones y los puntos de vista de otras personas [P]
    b. presento a otros mis puntos de vista y opiniones [J]

17. Considero que es un rasgo peor:
    a. el criticismo excesivo [F]
    b. la indulgencia excesiva [T]

18. Cuando me encargan una tarea mayor, preferiría:
    a. recibir unas instrucciones concretas que expliquen cómo debo realizarla [S]
    b. tener la posibilidad de realizarla según mis propias ideas [N]

19. Cuando trato con otros algún problema que precisa solución, normalmente:
    a. primero reflexiono acerca de una determinada cuestión y tomo la palabra cuando ya tengo alguna idea [I]
    b. tomo la palabra espontáneamente y durante la conversación me van viniendo nuevas ideas [E]

20. La resolución de un conflicto consiste ante todo en:
    a. calmar la situación y llegar a un compromiso [F]
    b. aclarar quién tenía razón y quién se equivocaba [T]
21. Preferiría hacer un trabajo que requiera:
    a. imaginación y capacidad de previsión [N]
    b. el seguimiento de muchos procedimientos detallados [S]
22. Cuando se me pregunta por algo, normalmente:
    a. respondo inmediatamente [E]
    b. necesito un momento para pensar [I]
23. A menudo ocurre que escribo los asuntos que tengo que resolver el mismo día:
    a. sí [J]
    b. no [P]
24. Al solucionar un problema soy capaz de:
    a. percibir un contexto más amplio de un asunto concreto y prever sus consecuencias [N]
    b. concentrarme en todos los detalles relativos a un determinado asunto [S]

25. Cuando tengo que realizar alguna tarea:
    a. tardo en acabarla para tener la posibilidad de introducir cambios necesarios [P]
    b. intento acabarla lo antes posible para dejar el asunto zanjado [J]

26. Preferiría trabajar con personas:
    a. prácticas y meticulosas [S]
    b. creativas e imaginativas [N]

27. Normalmente, mi humor y mi estado emocional son:
    a. difíciles de reconocer [I]
    b. fáciles de reconocer [E]

28. Algunos podrán decir que soy:
    a. desordenado [P]
    b. poco flexible [J]

Parte 3/3

1. Admiro más a las personas que:
    a. tienen la capacidad de pensar de manera lógica [T]
    b. son capaces de ponerse en la situación de los demás [F]

2. Me gusta:
    a. una vida llena de cambios y sorpresas [P]
    b. una vida ordenada, en la que todo ocurre según un plan [J]

3. Cuando estoy con un grupo de personas, normalmente hablo:
    a. con pocas personas, normalmente con aquellas que ya conozco [I]
    b. con muchas personas, también con aquellas que no conozco [E]
4. Me aburriría más una reunión con alguien que:
    a. diera mucha información detallada e hiciera muchas preguntas prácticas [N]
    b. proyectara visiones generales de nuevas soluciones, pero desprovistas de detalles [S]
5. Es peor una decisión:
    a. ilógica [T]
    b. que disgusta a muchas personas [F]
6. Cuando estoy de vacaciones, a menudo planeo con antelación qué voy a hacer al día siguiente:
    a. sí [J]
    b. no [P]
7. Preferiría ser elogiado porque:
    a. es agradable pasar el tiempo conmigo [F]
    b. soy capaz de tomar las decisiones adecuadas [T]

8. Prefiero:
    a. los paseos solitarios [I]
    b. conocer a gente nueva [E]
9. Los demás podrán decir de mí que actúo de forma:
    a. planificada [J]
    b. espontánea [P]
10. Si buscara ofertas de trabajo, prestaría atención principalmente a:
    a. las condiciones de contratación ofrecidas [S]
    b. al potencial futuro de un determinado puesto [N]
11. Se ajusta más a mí la siguiente descripción:
    a. a menudo no consigo prepararme a tiempo y me las arreglo gracias a la improvisación [P]
    b. normalmente estoy bien preparado, no tengo que improvisar [J]
12. Normalmente, estar entre otras personas:
    a. me agota [I]
    b. me da fuerzas [E]

13. Si buscara un compañero de trabajo, preferiría:
    a. que nuestras personalidades fueran compatibles y pudiéramos trabajar en armonía [F]
    b. que la persona tuviera las cualificaciones y habilidades necesarias para realizar las tareas definidas [T]

14. Los demás podrán decir de mí que soy:
    a. práctico [S]
    b. ingenioso [N]

15. Se ajusta más a mí la siguiente descripción:
    a. a menudo llego tarde a los encuentros concertados [P]
    b. normalmente llego puntualmente o antes de tiempo a los encuentros concertados [J]

16. Me siento incómodo cuando me encuentro en el centro de atención:
    a. sí [I]
    b. no [E]

17. Al escuchar los problemas de otras personas:
    a. a menudo pienso cuál fue su causa objetiva y si ellos mismos no son culpables en parte del estado actual [T]
    b. normalmente siento una sincera compasión y me pregunto cómo se les puede ayudar [F]
18. Los demás podrán decir de mí que soy reservado y raramente muestro mis emociones:
    a. sí [I]
    b. no [E]
19. Me interesan más:
    a. los comportamientos concretos de la gente y los acontecimientos [S]
    b. los principios generales que rigen los comportamientos de la gente y los acontecimientos [N]
20. Al criticar a otras personas, ante todo hay que:
    a. mantener la objetividad [T]
    b. tener cuidado de no herirlas [F]

21. Un fin de semana agradable es:
    a. descansar en casa con una buena lectura o una buena película [I]
    b. encontrarme con amigos, conversando o disfrutando juntos [E]

22. Los procedimientos, instrucciones e indicaciones establecidos:
    a. normalmente son una ayuda práctica y facilitan el trabajo [S]
    b. a menudo limitan las ideas creativas y dificultan el trabajo [N]

23. Por querer tener más tiempo para rec0pilar información o reflexionar, a menudo tardo en tomar una decisión:
    a. sí [P]
    b. no [J]

24. Cuando oigo hablar de algún proyecto extraordinario, normalmente:
    a. me fascina la idea misma o el concepto [N]
    b. me interesa su forma de realización [S]

25. Se ajusta más a mí la siguiente descripción:
    a. no me gusta llamar la atención a los demás y si debo hacerlo, lo hago de forma delicada [F]
    b. soy directo, si algo no me gusta lo digo [T]

26. Me proporciona mayor alegría:
    a. acabar de trabajar en una tarea [J]
    b. empezar a trabajar en una nueva tarea [P]

27. Preferiría trabajar:
    a. solo o con dos colaboradores cercanos [I]
    b. en un equipo nuevo de diez personas [E]

28. Al cumplimentar formularios y encuestas, al final normalmente compruebo si he escrito correctamente todos los datos o respuestas:
    a. sí [S]
    b. no [N]

Ya hemos llegado al final del test. ¡Ahora es el momento de interpretar los resultados!

Paso 1

Comprueba cuántas veces elegiste las respuestas marcadas con las diferentes letras: E, I, S, N, T, F, J o P.

Tu resultado puede ser, por ejemplo:

- E — 18
- I — 3
- S — 7
- N — 14
- T — 4
- F — 17
- J — 0
- P — 21

Paso 2

Para cada una de las siguientes parejas de letras, selecciona y anota la letra que elegiste más veces:

- Pareja 1: **E** o **I**,
- Pareja 2: **S** o **N**,
- Pareja 3: **T** o **F**,
- Pareja 4: **J** o **P**.

Tu resultado tendrá forma de un código de cuatro letras (por ejemplo **ENFP**).

Un número mayor en una determinada pareja indica una tendencia dominante para una determinada dimensión de la personalidad:

- Fuente de energía vital: **E** (mundo exterior) o **I** (mundo interior).
- Forma de asimilación de información: **S** (sentidos) o **N** (intuición).
- Forma de toma de decisiones: **T** (razón) o **F** (corazón).
- Estilo de vida: **J** (organizado) o **P** (espontáneo).

Paso 3

Ahora busca en la siguiente lista tu código de cuatro letras y comprueba quién eres:

- ENFJ = Consejero   p. 45
- ENFP = Entusiasta   p. 49
- ENTJ = Director   p. 48
- ENTP = Innovador   p. 54
- ESFJ = Defensor   p. 46
- ESFP = Presentador   p. 62
- ESTJ = Administrador   p. 40
- ESTP = Animador   p. 42
- INFJ = Mentor   p. 59
- INFP = Idealista   p. 52
- INTJ = Estratega   p. 51
- INTP = Lógico   p. 57
- ISFJ = Protector   p. 64
- ISFP = Artista   p. 43
- ISTJ = Inspector   p. 56
- ISTP = Pragmático   p. 60

16 tipos de personalidad de forma breve

Administrador (ESTJ)

Lema vital: *¡Hagamos esa tarea!*

Trabajador, responsable y extraordinariamente leal. Enérgico y decidido. Valora el orden, la estabilidad, la seguridad y las reglas claras. Objetivo y concreto. Lógico, racional y práctico. Es capaz de asimilar una gran cantidad de información detallada.

Organizador perfecto. No tolera la ineficiencia, el despilfarro ni la pereza. Fiel a sus convicciones y directo en los contactos. Presenta sus puntos de vista de forma decidida y expresa abiertamente opiniones críticas, por lo que en ocasiones hiere inconscientemente a otras personas.

Tendencias naturales del *administrador*:

- Fuente de energía vital: mundo exterior.
- Asimilación de información: sentidos.
- Toma de decisiones: razón.
- Estilo de vida: organizado.

Tipos de personalidad similares:

- *Animador*
- *Inspector*
- *Pragmático*

Datos estadísticos:

- Los *administradores* constituyen el 10-13% de la sociedad.
- Entre los *administradores* predominan los hombres (60%).
- Un país que se corresponde con el perfil del *administrador* son los Estados Unidos[1].

Código literal:

El código literal universal del *administrador* en las tipologías de personalidad de Jung es ESTJ.

---

[1] Esto no quiere decir que todos los habitantes de los EE. UU. pertenezcan a este tipo de personalidad, sino que la sociedad estadounidense, en su conjunto, tiene muchas características del *administrador*.

Más:

Jarosław Jankowski
Tu tipo de personalidad: Administrador (ESTJ)

Animador (ESTP)

Lema vital: *¡Hagamos algo!*

Enérgico, activo y emprendedor. Le gusta la compañía de otros y sabe pasárselo bien y disfrutar del momento presente. Es espontáneo, flexible y suele estar abierto a los cambios.

Es entusiasta inspirador e iniciador, suele motivar a los demás a actuar. Lógico, racional y extraordinariamente pragmático. Realista. Le aburren las ideas abstractas y las reflexiones sobre el futuro. Procura solucionar los problemas concretos e inmediatos que se le presentan, pero a menudo también tiene dificultades con la organización y la planificación. Suele ser impulsivo. Suele ocurrir que primero actúa y luego piensa.

Tendencias naturales del *animador:*

- Fuente de energía vital: mundo exterior.
- Asimilación de información: sentidos.
- Toma de decisiones: razón.
- Estilo de vida: espontáneo.

Tipos de personalidad similares:

- *Administrador*
- *Pragmático*
- *Inspector*

Datos estadísticos:

- Los *animadores* constituyen el 6-10% de la sociedad.
- Entre los *animadores* predominan los hombres (60%).
- El país que se corresponde con el perfil de *animador* es Australia.

Código literal:

El código literal universal del *animador* en las tipologías de personalidad de Jung es ESTP.

Más:

Jarosław Jankowski
Tu tipo de personalidad: Animador (ESTP)

Artista (ISFP)

Lema vital: *¡Creemos algo!*

Sensible, creativo y original. Tiene un gran sentido de la estética y capacidades artísticas naturales. Independiente, se guía por su propia escala de valores y no cede ante la presión. Optimista y con una actitud positiva hacia la vida; es capaz de disfrutar del momento.

Disfruta ayudando a los demás. Le aburren las teorías abstractas; prefiere crear la realidad que hablar de ella. Sin embargo, le resulta más fácil empezar cosas nuevas que acabar las empezadas antes. Suele tener dificultades para expresar sus propios deseos y necesidades.

Tendencias naturales del *artista*:

- Fuente de energía vital: mundo interior.
- Asimilación de información: sentidos.
- Toma de decisiones: corazón.
- Estilo de vida: espontáneo.

Tipos de personalidad similares:

- *Protector*
- *Presentador*
- *Defensor*

Datos estadísticos:

- Los *artistas* constituyen el 6-9% de la población.
- Entre los *artistas* predominan las mujeres (60%).
- El país que se corresponde con el perfil de *artista* es China.

Código literal:

El código literal universal del *artista* en las tipologías de personalidad de Jung es ISFP.

Más:

Jarosław Jankowski
Tu tipo de personalidad: Artista (ISFP)

Consejero (ENFJ)

Lema vital: *Mis amigos son mi mundo.*

Optimista, entusiasta y gracioso. Amable, sabe actuar con tacto. Tiene el extraordinario don de la empatía y disfruta actuando de forma desinteresada a favor de los demás. Es capaz de influir en sus vidas: inspira, descubre en ellos el potencial oculto que tienen y suscita confianza en sus propias fuerzas. Irradia ternura y atrae a las demás personas. A menudo las ayuda a resolver sus problemas personales.

Suele ser crédulo, aunque un poco ingenuo, y tiene tendencia a ver el mundo de color de rosa. Concentrado en los demás, a menudo se olvida de sus propias necesidades.

Tendencias naturales del *consejero*:

- Fuente de energía vital: mundo exterior.
- Asimilación de información: intuición.
- Toma de decisiones: corazón.
- Estilo de vida: organizado.

Tipos de personalidad similares:

- *Entusiasta*
- *Mentor*
- *Idealista*

Datos estadísticos:

- Los *consejeros* constituyen el 3-5% de la población.
- Entre los *consejeros* predominan claramente las mujeres (80%).
- El país que se corresponde con el perfil de *consejero* es Francia.

Código literal:

El código literal universal del *consejero* en las tipologías de personalidad de Jung es ENFJ.

Más:

Jarosław Jankowski
Tu tipo de personalidad: Consejero (ENFJ)

Defensor (ESFJ)

Lema vital: *¿Cómo puedo ayudarte?*

Entusiasta, enérgico y bien organizado. Práctico, responsable, concienzudo. Cordial y extraordinariamente sociable.

Percibe los sentimientos humanos, las emociones y necesidades. Valora la armonía. Soporta mal la crítica y los conflictos. Es sensible a todas las manifestaciones de injusticia y protesta cuando ve que lastiman a otras personas. Se interesa sinceramente por los problemas de los demás y siente una verdadera alegría al ayudarlos. Al velar por sus necesidades a menudo desatiende las suyas propias. Tiene tendencia a hacer por los demás cosas que ellos mismos deberían hacer. Suele ser susceptible a la manipulación.

Tendencias naturales del *defensor.*

- Fuente de energía vital: mundo exterior.
- Asimilación de información: sentidos.
- Toma de decisiones: corazón.
- Estilo de vida: organizado.

Tipos de personalidad similares:

- Presentador
- Protector
- Artista

Datos estadísticos:

- Los *defensores* constituyen el 10-13% de la población.
- Entre los *defensores* predominan claramente las mujeres (70%).
- El país que se corresponde con el perfil de *defensor* es Canadá.

Código literal:

El código literal universal del *defensor* en las tipologías de personalidad de Jung es ESFJ.

Más:

Jarosław Jankowski
Tu tipo de personalidad: Defensor (ESFJ)

Director (ENTJ)

Lema vital: *Os diré lo que hay que hacer.*

Independiente, activo y decidido. Racional, lógico y creativo. Percibe un contexto más amplio de los problemas analizados y es capaz de prever las futuras consecuencias de las acciones humanas. Se caracteriza por el optimismo y un sensato sentido de su propio valor. Es capaz de transformar conceptos teóricos en planes de actuación concretos y prácticos.

Visionario, mentor y organizador. Tiene unas capacidades de liderazgo innatas. Su fuerte personalidad, su criticismo y su estilo directo a menudo intimidan a los demás y provocan problemas en sus relaciones interpersonales.

Tendencias naturales del *director*:

- Fuente de energía vital: mundo exterior.
- Asimilación de información: intuición.

- Toma de decisiones: razón.
- Estilo de vida: organizado.

Tipos de personalidad similares:

- *Innovador*
- *Estratega*
- *Lógico*

Datos estadísticos:

- Los *directores* constituyen el 2-5% de la población.
- Entre los *directores* predominan claramente los hombres (70%).
- El país que se corresponde con el perfil de *director* es Holanda.

Código literal:

El código literal universal del *director* en las tipologías de personalidad de Jung es ENTJ.

Más:

Jarosław Jankowski
Tu tipo de personalidad: Director (ENTJ)

Entusiasta (ENFP)

Lema vital: *¡Podemos hacerlo!*

Enérgico, entusiasta y optimista. Es capaz de disfrutar de la vida y piensa a largo plazo. Dinámico, ingenioso y creativo. Le gustan las personas y aprecia las relaciones sinceras y auténticas. Cálido, cordial y emocional. Soporta mal la crítica. Tiene el don de la empatía y percibe las necesidades, los sentimientos y los motivos de los demás. Los inspira y los contagia con su entusiasmo.

Le gusta estar en el centro de los acontecimientos. Es flexible y capaz de improvisar. Es propenso a tener ocurrencias idealistas. Se distrae con facilidad y tiene problemas para llevar los asuntos hasta el final.

Tendencias naturales del *entusiasta*:

- Fuente de energía vital: mundo exterior.
- Asimilación de información: intuición.
- Toma de decisiones: corazón.
- Estilo de vida: espontáneo.

Tipos de personalidad similares:

- *Consejero*
- *Idealista*
- *Mentor*

Datos estadísticos:

- Los *entusiastas* constituyen el 5-8% de la población.
- Entre los *entusiastas* predominan las mujeres (60%).

- El país que se corresponde con el perfil de *entusiasta* es Italia.

Código literal:

El código literal universal del *entusiasta* en las tipologías de personalidad de Jung es ENFP.

Más:

Jarosław Jankowski
Tu tipo de personalidad: Entusiasta (ENFP)

Estratega (INTJ)

Lema vital: *Esto puede perfeccionarse.*

Independiente, marcado individualismo, con una enorme cantidad de energía interna. Creativo e ingenioso. Visto por los demás como competente y seguro de sí mismo y, a la vez, como distante y enigmático. Mira cada asunto desde una perspectiva amplia. Desea perfeccionar y ordenar el mundo que le rodea.

Bien organizado, responsable, crítico y exigente. Es difícil sacarlo de sus casillas, pero también es difícil satisfacerlo totalmente. Por lo general, tiene problemas para interpretar los sentimientos y emociones de otras personas.

Tendencias naturales del *estratega*:

- Fuente de energía vital: mundo interior.
- Asimilación de información: intuición.

- Toma de decisiones: razón.
- Estilo de vida: organizado.

Tipos de personalidad similares:

- *Lógico*
- *Director*
- *Innovador*

Datos estadísticos:

- Los *estrategas* constituyen el 1-2% de la población.
- Entre los *estrategas* predominan claramente los hombres (80%).
- El país que se corresponde con el perfil de *estratega* es Finlandia.

Código literal:

El código literal universal del *estratega* en las tipologías de personalidad de Jung es INTJ.

Más:

Jarosław Jankowski
Tu tipo de personalidad: Estratega (INTJ)

Idealista (INFP)

Lema vital: *Se puede vivir de otra manera.*

Sensible, leal, creativo. Desea vivir según los valores que profesa. Muestra interés por la realidad espiritual y ahonda en los secretos de la vida. Suele conmoverse por los problemas del mundo y está abierto a las necesidades de otras personas. Valora la armonía y el equilibrio.

Romántico: es capaz de demostrar amor, pero él mismo también necesita cariño y afecto. Interpreta perfectamente los motivos y sentimientos de otras personas. Crea relaciones sanas, profundas y duraderas. En situaciones de conflicto lo pasa mal, no sabe qué hacer. No resiste el estrés y la crítica.

Tendencias naturales del *idealista*:

- Fuente de energía vital: mundo interior.
- Asimilación de información: intuición.
- Toma de decisiones: corazón.
- Estilo de vida: espontáneo.

Tipos de personalidad similares:

- *Mentor*
- *Entusiasta*
- *Consejero*

Datos estadísticos:

- Los *idealistas* constituyen el 1-4% de la población.
- Entre los *idealistas* predominan las mujeres (60%).

- El país que se corresponde con el perfil de *idealista* es Tailandia.

Código literal:

El código literal universal del *idealista* en las tipologías de personalidad de Jung es INFP.

Más:

Jarosław Jankowski
Tu tipo de personalidad: Idealista (INFP)

Innovador (ENTP)

Lema vital: *Y si probamos a hacerlo de otra forma...*

Ingenioso, original e independiente. Optimista. Enérgico y emprendedor. Persona de acción: le gusta estar en el centro de los acontecimientos y resolver «problemas irresolubles». Tiene curiosidad por el mundo, y es propenso al riesgo y suele ser impaciente. Visionario, abierto a nuevas ideas y ocurrencias. Le gustan las nuevas experiencias y los experimentos. Percibe las relaciones entre acontecimientos concretos y piensa a largo plazo.

Espontáneo, comunicativo y seguro de sí mismo. Propenso a sobrevalorar sus propias posibilidades. Tiene problemas para llevar los asuntos hasta el final.

Tendencias naturales del *innovador*:

- Fuente de energía vital: mundo exterior.
- Asimilación de información: intuición.
- Toma de decisiones: razón.
- Estilo de vida: espontáneo.

Tipos de personalidad similares:

- *Director*
- *Lógico*
- *Estratega*

Datos estadísticos:

- Los *innovadores* constituyen el 3-5% de la población.
- Entre los *innovadores* predominan claramente los hombres (70%).
- El país que se corresponde con el perfil de *innovador* es Israel.

Código literal:

El código literal universal del *innovador* en las tipologías de personalidad de Jung es ENTP.

Más:

Jarosław Jankowski
Tu tipo de personalidad: Innovador (ENTP)

Inspector (ISTJ)

Lema vital: *Primero las obligaciones.*

Una persona con la que siempre se puede contar. Educado, puntual, cumplidor, concienzudo, responsable: «persona de confianza». Analítico, metódico, sistemático y lógico. Los otros lo ven como reservado, frío y serio. Aprecia la tranquilidad, la estabilidad y el orden. No le gustan los cambios. En cambio, le gustan los principios claros y las reglas concretas.

Trabajador y perseverante, es capaz de llevar los asuntos hasta el final. Perfeccionista. Quiere controlarlo todo. Parco en elogios. No aprecia el valor de los sentimientos y las emociones de otras personas.

Tendencias naturales del *inspector*:

- Fuente de energía vital: mundo interior.
- Asimilación de información: sentidos.
- Toma de decisiones: razón.
- Estilo de vida: organizado.

Tipos de personalidad similares:

- *Pragmático*
- *Administrador*
- *Animador*

Datos estadísticos:

- Los *inspectores* constituyen el 6-10% de la población.
- Entre los *inspectores* predominan los hombres (60%).
- El país que se corresponde con el perfil de *inspector* es Suiza.

Código literal:

El código literal universal del *inspector* en las tipologías de personalidad de Jung es ISTJ.

Más:

Jarosław Jankowski
Tu tipo de personalidad: Inspector (ISTJ)

Lógico (INTP)

Lema vital: *Lo más importante es conocer la verdad acerca del mundo.*

Original, ingenioso y creativo. Le gusta resolver problemas de índole teórica. Analítico, brillante y con una actitud entusiasta hacia las nuevas ideas. Es capaz de relacionar fenómenos concretos y deducir de ellos principios generales y teorías. Lógico, preciso e indagador. Percibe rápidamente los síntomas de incoherencia e inconsecuencia.

Independiente y escéptico ante las soluciones y autoridades establecidas.

Tolerante y abierto a los nuevos retos. Se suele quedar absorto en sus reflexiones, a veces pierde el contacto con el mundo exterior.

Tendencias naturales del *lógico*:

- Fuente de energía vital: mundo interior.
- Asimilación de información: intuición.
- Toma de decisiones: razón.
- Estilo de vida: espontáneo.

Tipos de personalidad similares:

- *Estratega*
- *Innovador*
- *Director*

Datos estadísticos:

- Los *lógicos* constituyen el 2-3% de la población.
- Entre los *lógicos* predominan claramente los hombres (80%).
- El país que se corresponde con el perfil de *lógico* es la India.

Código literal:

El código literal universal del *lógico* en las tipologías de personalidad de Jung es INTP.

Más:

Jarosław Jankowski
Tu tipo de personalidad: Lógico (INTP)

Mentor (INFJ)

Lema vital: *¡El mundo puede ser mejor!*

Creativo, sensible, adelantado a su tiempo, capaz de ver las posibilidades que los demás no ven. Idealista y visionario orientado a la ayuda a las personas. Concienzudo, responsable y al mismo tiempo amable, solícito y amistoso. Se esfuerza por entender los mecanismos que rigen el mundo y trata de ver los problemas desde una perspectiva más amplia.

Excelente oyente y observador. Se caracteriza por una extraordinaria empatía, por su intuición y la confianza en las personas. Es capaz de interpretar los sentimientos y las emociones. Soporta mal la crítica y las situaciones de conflicto. Puede parecer enigmático.

Tendencias naturales del *mentor*.

- Fuente de energía vital: mundo interior.
- Asimilación de información: intuición.
- Toma de decisiones: corazón.
- Estilo de vida: organizado.

Tipos de personalidad similares:

- *Idealista*
- *Consejero*
- *Entusiasta*

Datos estadísticos:

- Los *mentores* constituyen aproximadamente el 1% de la población y son el tipo de personalidad menos frecuente.
- Entre los *mentores* predominan claramente las mujeres (80%).
- El país que se corresponde con el perfil de *mentor* es Noruega.

Código literal:

El código literal universal del *mentor* en las tipologías de personalidad de Jung es INFJ.

Más:

Jarosław Jankowski
Tu tipo de personalidad: Mentor (INFJ)

Pragmático (ISTP)

Lema vital: *Los actos son más importantes que las palabras.*

Optimista, espontáneo y con una actitud positiva hacia la vida. Comedido e independiente. Fiel a sus propias convicciones y escéptico ante las normas y principios externos. Le aburren las teorías y las reflexiones sobre el futuro.

Prefiere actuar y solucionar problemas concretos y tangibles.

Se adapta bien a los nuevos lugares y situaciones. Le gustan los nuevos retos y el riesgo. Es capaz de mantener la sangre fría ante las amenazas y los peligros. Su taciturnidad y su extrema sobriedad a la hora de expresar opiniones hace que suela ser indescifrable para los demás.

Tendencias naturales del *pragmático*:

- Fuente de energía vital: mundo interior.
- Asimilación de información: sentidos.
- Toma de decisiones: razón.
- Estilo de vida: espontáneo.

Tipos de personalidad similares:

- *Inspector*
- *Animador*
- *Administrador*

Datos estadísticos:

- Los *pragmáticos* constituyen el 6-9% de la población.
- Entre los *pragmáticos* predominan los hombres (60%).

- El país que se corresponde con el perfil de *pragmático* es Singapur.

Código literal:

El código literal universal del *pragmático* en las tipologías de personalidad de Jung es ISTP.

Más:

Jarosław Jankowski
Tu tipo de personalidad: Pragmático (ISTP)

Presentador (ESFP)

Lema vital: *¡Hoy es el momento perfecto!*

Optimista, enérgico y abierto a las personas. Es capaz de disfrutar de la vida y pasarlo bien. Práctico y al mismo tiempo flexible y espontáneo. Le gustan los cambios y las nuevas experiencias. Soporta mal la soledad, el estancamiento y la rutina. Se siente bien estando en el centro de atención.

Tiene unas capacidades interpretativas naturales y es capaz de hablar de una forma que despierta el interés y el entusiasmo de los oyentes. Al concentrarse en el día de hoy, a veces pierde de vista los objetivos a largo plazo. Suele tener problemas a la hora de prever las consecuencias de sus actos.

Tendencias naturales del *presentador*:

- Fuente de energía vital: mundo exterior.
- Asimilación de información: sentidos.
- Toma de decisiones: corazón.
- Estilo de vida: espontáneo.

Tipos de personalidad similares:

- *Defensor*
- *Artista*
- *Protector*

Datos estadísticos:

- Los *presentadores* constituyen el 8-13% de la población.
- Entre los *presentadores* predominan las mujeres (60%).
- El país que se corresponde con el perfil de *presentador* es Brasil.

Código literal:

El código literal universal del *presentador* en las tipologías de personalidad de Jung es ESFP.

Más:

Jarosław Jankowski
Tu tipo de personalidad: Presentador (ESFP)

Protector (ISFJ)

Lema vital: *Me importa tu felicidad.*

Sincero, tierno, modesto, digno de confianza y extraordinariamente leal. Pone en primer lugar a los demás: percibe sus necesidades y desea ayudarles. Práctico, bien organizado y responsable. Paciente, trabajador y perseverante: es capaz de llevar los asuntos hasta el final.

Observa y recuerda los detalles. Valora mucho la tranquilidad, la estabilidad y las relaciones amistosas con los demás. Es capaz de tender puentes entre las personas. Soporta mal los conflictos y la crítica. Tiene un fuerte sentido de la responsabilidad y siempre está dispuesto a ayudar. Los demás suelen aprovecharse de él.

Tendencias naturales del *protector:*

- Fuente de energía vital: mundo interior.
- Asimilación de información: sentidos.
- Toma de decisiones: corazón.
- Estilo de vida: organizado.

Tipos de personalidad similares:

- *Artista*
- *Defensor*
- *Presentador*

Datos estadísticos:

- Los *protectores* constituyen el 8-12% de la población.
- Entre los *protectores* predominan claramente las mujeres (70%).
- El país que se corresponde con el perfil de *protector* es Suecia.

Código literal:

El código literal universal del *protector* en las tipologías de personalidad de Jung es ISFJ.

Más:

Jarosław Jankowski
Tu tipo de personalidad: Protector (ISFJ)

Apéndice

Las cuatro tendencias naturales

1. Fuente de energía vital dominante

   o MUNDO EXTERIOR
     Personas que obtienen energía del
     exterior, que necesitan actividad y
     contacto con los demás. Soportan
     mal la soledad prolongada.

   o MUNDO INTERIOR
     Personas que obtienen energía del
     mundo interior, que necesitan
     silencio y soledad. Se sienten
     agotados cuando están mucho
     tiempo en medio de un grupo.

2. Forma dominante de asimilación de la información

o SENTIDOS
Personas que dependen de los cinco sentidos. Les convencen los hechos y las pruebas. Les gustan los métodos comprobados y las tareas prácticas y concretas. Son realistas y se basan en la experiencia.

o INTUICIÓN
Personas que dependen de un sexto sentido, que se guían por los presentimientos. Les gustan las soluciones innovadoras y los problemas de índole teórica. Se caracterizan por su enfoque creativo de las tareas y por su capacidad de previsión.

3. Forma de toma de decisiones dominante

o RAZÓN
Personas que se guían por la lógica y los principios objetivos. Críticos y directos a la hora de expresar sus opiniones.

o CORAZÓN
Personas que se guían por los

sentimientos y los valores. Anhelan la armonía y necesitan estar bien con los demás.

4. Estilo de vida dominante

o ORGANIZADO
Personas concienzudas y organizadas. Valoran el orden, son personas a quienes les gusta actuar según un plan.

o ESPONTÁNEO
Personas espontáneas, que valoran la libertad. Disfrutan del momento y se encuentran a gusto en situaciones nuevas.

Porcentaje orientativo de los diferentes tipos de personalidad en la población

Tipo de personalidad:	Porcentaje:
Administrador (ESTJ):	10 – 13%
Animador (ESTP):	6 – 10%
Artista (ISFP):	6 – 9%
Consejero (ENFJ):	3 – 5 %
Defensor (ESFJ):	10 – 13%
Director (ENTJ):	2 – 5%
Entusiasta (ENFP):	5 – 8%
Estratega (INTJ):	1 – 2%
Idealista (INFP):	1 – 4%
Innovador (ENTP):	3 – 5%

Inspector (ISTJ):	6 – 10%
Lógico (INTP):	2 – 3%
Mentor (INFJ):	aprox. 1%
Pragmático (ISTP):	6 – 9%
Presentador (ESFP):	8 – 13%
Protector (ISFJ):	8 – 12%

Porcentaje orientativo de mujeres y hombres entre las personas con un determinado tipo de personalidad

Tipo de personalidad:	Mujere/ hombres:
Administrador (ESTJ):	40% / 60%
Animador (ESTP):	40% / 60%
Artista (ISFP):	60% / 40%
Consejero (ENFJ):	80% / 20%
Defensor (ESFJ):	70% / 30%
Director (ENTJ):	30% / 70%
Entusiasta (ENFP):	60% / 40%
Estratega (INTJ):	20% / 80%
Idealista (INFP):	60% / 40%
Innovador (ENTP):	30% / 70%
Inspector (ISTJ):	40% / 60%
Lógico (INTP):	20% / 80%
Mentor (INFJ):	80% / 20%
Pragmático (ISTP):	40% / 60%
Presentador (ESFP):	60% / 40%
Protector (ISFJ):	70% / 30%

Bibliografía

- Arraj James, *Tracking the Elusive Human, Volume 2: An Advanced Guide to the Typological Worlds of C. G. Jung, W.H. Sheldon, Their Integration, and the Biochemical Typology of the Future*, Inner Growth Books, 1990.

- Arraj Tyra, Arraj James, *Tracking the Elusive Human, Volume 1: A Practical Guide to C.G. Jung's Psychological Types, W.H. Sheldon's Body and Temperament Types and Their Integration*, Inner Growth Books, 1988.

- Berens Linda V., Cooper Sue A., Ernst Linda K., Martin Charles R., Myers Steve, Nardi Dario, Pearman Roger R., Segal Marci, Smith Melissa A., *Quick Guide to the 16 Personality Types in Organizations: Understanding Personality Differences in the Workplace*, Telos Publications, 2002.

- Geier John G., Downey E. Dorothy, *Energetics of Personality*, Aristos Publishing House, 1989.

- Hunsaker Phillip L., Alessandra J. Anthony, *The Art of Managing People*, Simon and Schuster, 1986.

- Jung Carl Gustav, *Tipos psicológicos*, Trotta, 2013.

- Kise Jane A. G., Stark David, Krebs Hirsch Sandra, *LifeKeys: Discover Who You Are*, Bethany House, 2005.

- Kroeger Otto, Thuesen Janet, *Type Talk or How to Determine Your Personality Type and Change Your Life*, Delacorte Press, 1988.

- Lawrence Gordon, *Looking at Type and Learning Styles*, Center for Applications of Psychological Type, 1997.

- Lawrence Gordon, *People Types and Tiger Stripes*, Center for Applications of Psychological Type, 1993.

- Maddi Salvatore R., Personality Theories: *A Comparative Analysis*, Waveland, 2001.

- Martin Charles R., *Looking at Type: The Fundamentals Using Psychological Type To Understand and Appreciate Ourselves and Others*, Center for Applications of Psychological Type, 2001.

- Meier C.A., *Personality: The Individuation Process in the Light of C. G. Jung's Typology*, Daimon Verlag, 2007.

- Pearman Roger R., Albritton Sarah, *I'm Not Crazy, I'm Just Not You: The Real Meaning of the Sixteen Personality Types*, Davies-Black Publishing, 1997.

- Segal Marci, *Creativity and Personality Type: Tools for Understanding and Inspiring the Many Voices of Creativity*, Telos Publications, 2001.

- Sharp Daryl, *Personality Type: Jung's Model of Typology*, Inner City Books, 1987. Spoto Angelo, Jung's Typology in Perspective, Chiron Publications, 1995.

- Tannen Deborah, *Tú no me entiendes*, Círculo de lectores, 1992.

- Thomas Jay C., Segal Daniel L., *Comprehensive Handbook of Personality and Psychopathology*, Personality and Everyday Functioning, Wiley, 2005.

- Thomson Lenore, *Personality Type: An Owner's Manual*, Shambhala, 1998.

- Tieger Paul D., Barron-Tieger Barbara, *Just Your Type: Create the Relationship You've Always Wanted Using the Secrets of Personality Type*, Little, Brown and Company, 2000.

- Von Franz Marie-Louise, Hillman James, *Lectures on Jung's Typology*, Continuum International Publishing Group, 1971.